Del círculo que se cayó
de una camiseta de lunares

www.delcirculoquesecayo.com

www.laespigadora.com

Texto: Cristina Oleby
Ilustraciones: Jesús Navarro
www.jesus-navarro.com
Guía didáctica: Alicia García de Pablo

Impreso en Gráficas Carrascal
Avda. del Petróleo, Nave 8.
Polígono Industrial San José de Valderas.
28918 LEGANES (Madrid)
Impreso en España – Printed in Spain

ISBN: 978-84-608-3985-9
Depósito legal: SG-323/2015

A mis dos hijas, que son mis dos soles.

Cristina

A mi familia y mis amigos. Y a Felipe Navarro.

Jesús

Espero que gostes!

Beijinhos,

Cristina ♡

Había una vez un círculo llamado Lorenzo
que vivía en una camiseta de lunares.
Era la camiseta favorita de Inés.

Lorenzo pensaba que todo en la vida
era redondo, que no había esquinas, ni rectas,
que no existía el fin y todo comenzaba
de nuevo.

Un día, mientras Inés saltaba a la pata coja, Lorenzo se cayó de la camiseta, rebotó en el suelo y aterrizó en una mesa. Tenía una forma muy rara.

–¿Y tú quién eres? Eres un poco... –le dijo a la mesa.

–Buenos días Señor Círculo, creo que la palabra que usted está buscando es Cuadrada. Soy una mesa.

–¿Cuadrada? ¡Qué cosa tan rara! –dijo Lorenzo que no había visto un cuadrado en su vida.

–De rara nada. Mire a su alrededor. Está lleno de cuadrados: la ventana, la alfombra, el marco de fotos... Todos tenemos 4 lados iguales.

–Pues tienes razón, hay muchos cuadrados –le respondió Lorenzo.

–Si está usted buscando a Inés, acaba de salir al jardín.

–¿Al jardín? ¿Y por dónde se va? A mí siempre me han llevado...

–Pues si quiere le llevo, agárrese fuerte –le dijo la mesa.

–¡Gracias! –Y Lorenzo se agarró como pudo mientras la mesa corría a cuatro patas.

Cuando iban a salir por la puerta Lorenzo exclamó:

–¡Mira! ¡Otro cuadrado!

–Yo no soy un cuadrado, soy un Rectángulo –dijo la puerta– ¿no ves que mis lados no son todos iguales?

–¡Es verdad! Tienes dos lados más largos y dos lados más cortos. Eres como... ¡un cuadrado aplastado!

La mesa se aguantaba la risa.

–Bueno, bueno, sin faltar...
–dijo la puerta algo molesta.

-Perdón, no te quería ofender... -se disculpó Lorenzo-. Estamos buscando a Inés ¿nos puedes ayudar?

-Claro que sí -dijo la puerta que no era nada rencorosa -ha salido corriendo y se ha escondido detrás de ese arbusto, el que tiene forma de Triángulo.

—¿Triángulo? —Lorenzo miró al jardín pero estaba lleno de arbustos y no supo a cuál se refería la puerta.

El arbusto triangular le llamó desde el otro lado del jardín.

–¡Pss, pss! Sí, tú, el de la cara redonda. Yo soy el triángulo, triiii-án-gu-lo. ¡Tengo tres lados!

Lorenzo fue rodando por el jardín hasta llegar al arbusto y lo observó con atención.

–Cierto, tienes tres lados y tres vértices –dijo mientras pasaba el dedo por una de sus esquinas.

–¡Exacto! ¡Punto para el punto!

–¿Cómo dices? –preguntó Lorenzo extrañado.

–Nada, era una broma de triángulos. ¿Estás buscando a Inés? Estaba aquí hace un momento, pero ya no la veo porque está oscureciendo.

Lorenzo se puso muy triste y una lágrima cayó por su mejilla.

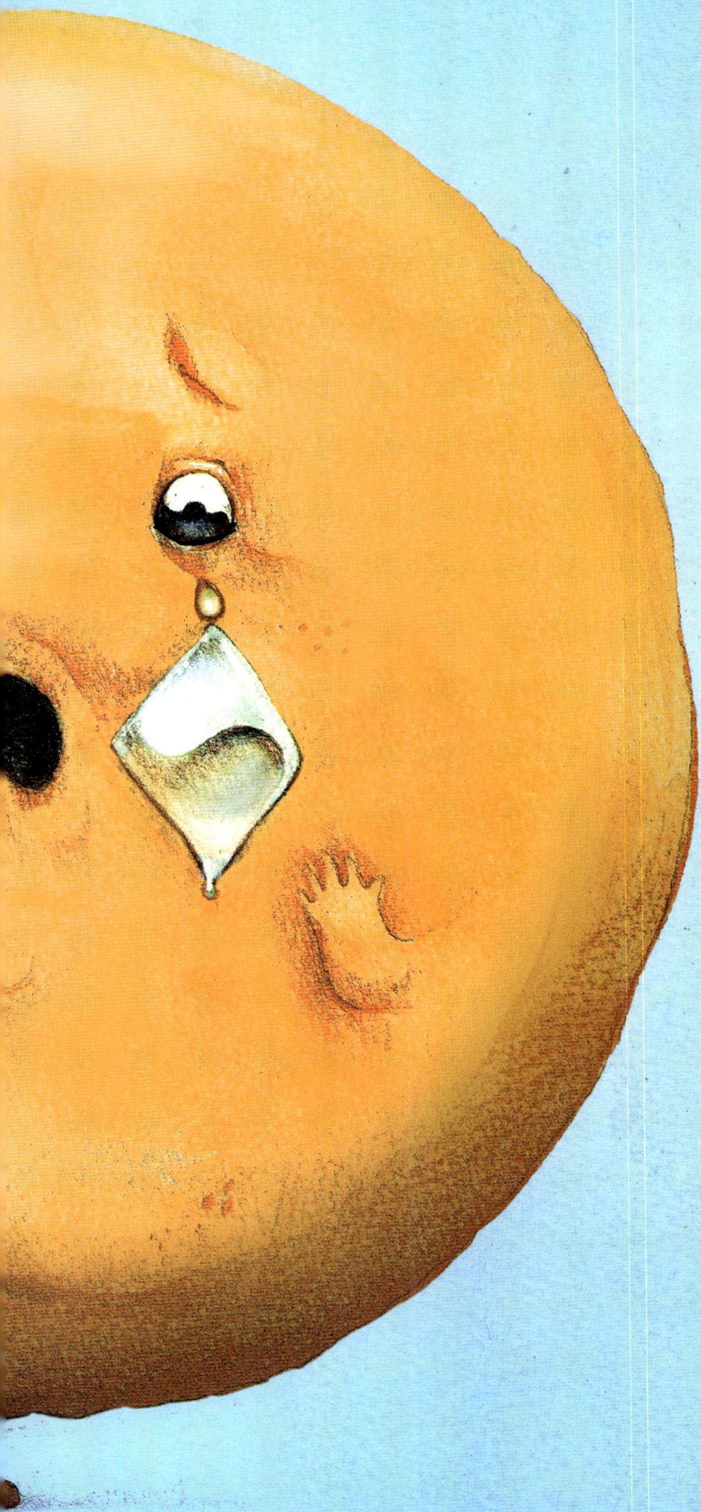

–¿Qué te pasa?
¿Por qué lloras? –le
preguntó el arbusto–.
Te caen lágrimas con
forma de Rombo.

Lorenzo, que ya estaba cansado de formas, le dijo al arbusto que se sentía solo y echaba de menos a sus amigos los círculos.

Le había encantado conocer cuadrados, rectángulos y triángulos, pero con un círculo se podía dibujar una cara feliz, una flor, una pelota...

A él le gustaba la vida redonda, que era lo que había conocido siempre.

—Entonces —le dijo el arbusto— tengo una idea. Toma esta linterna y sube allí arriba, al cielo, donde está esa Estrella, que desde allí seguro que encuentras a Inés.

Lorenzo se despidió de sus nuevos amigos y les agradeció que le hubieran ayudado. Cogió impulso y dio un bote enooorme. Cayó sobre una nube suave y esponjosa y miró hacia abajo con su linterna.

Se quedó maravillado con lo que vio. Campos verdes y amarillos de formas cuadradas. Carreteras que los atravesaban con líneas curvas y rectas. Casas rectangulares aquí y allá. Árboles como puntitos verdes. Animales y personas que se movían. Allí estaba Inés, con su camiseta de lunares, montando en bicicleta.

Pero Lorenzo ya no quería bajar. Desde allí podía verlo todo. Podía ver la vida redonda, pero también cuadrada, triangular... ¡de todas las formas posibles! Y le pareció más divertido que hubiera formas diferentes.

Ya no se sentía SOLo.

Ahora te toca a ti:

Busca en tu habitación

5 círculos

4 cuadrados

3 triángulos

2 rectángulos

1 rombo

1 estrella

¡Muy bien!

Si no las has encontrado todas no te preocupes, sigue buscando en la cocina, en el cole, en la calle... ¡las formas geométricas están por todas partes!

Recorta esta brújula para que
te ayude a navegar hacia el norte

Guía didáctica para padres y educadores

"Del círculo que se cayó de una camiseta de lunares" es una historia sencilla, a partir de la cual se pueden trabajar con los/as niños/as la percepción y la atención, así como las emociones y valores.

Para orientar a padres y educadores hemos creado una guía didáctica que da algunas pautas sobre cómo abordar estos aspectos.

Leer cuentos a los/as niños/as, además de estimular el lenguaje y la imaginación, es una oportunidad para comunicarse con ellos; no os limitéis a leer historias, hablad sobre ellas.

Empatía

La capacidad de **ponerse en el lugar del otro** es una habilidad que nos ayuda en nuestras relaciones sociales.

- ¿Por qué crees que se ha molestado la puerta?
- Lorenzo estaba bromeando pero ¿qué hace al ver que la puerta se ha ofendido?
- ¿Qué haces tú cuando ofendes a alguien sin querer?

Reconocimiento de emociones

Todas las emociones cumplen su función, lo importante es saber identificarlas y actuar en consecuencia. Debemos enseñar a los/as niños/as a **poner nombre a lo que sienten** para que puedan hablar de ello.

- ¿Por qué se pone triste Lorenzo?
- ¿Qué cosas te ponen triste?
- ¿Qué otras emociones conoces?
- Dime situaciones que te hagan sentir alegre, enfadado, con miedo...
- ¿Cómo sabes cuando un/a amigo/a está triste, enfadado, alegre...?

Percepción y atención

- ¿Cuántas formas geométricas aparecen en el cuento?
- ¿Qué forma tienen las lágrimas de Lorenzo?
- ¿Qué más se puede dibujar con un círculo?
- ¿Qué es Lorenzo al final del cuento?

Pedir ayuda

Es importante pedir ayuda cuando no sabemos hacer algo o no lo podemos hacer solos, el **trabajo en equipo** es una forma de conseguir buenos resultados.

- ¿Quién ayuda a Lorenzo a buscar a Inés?
- ¿Por qué crees que le ayudan?
- ¿A ti te gusta que te ayuden cuando no puedes hacer algo?
- ¿Por qué crees que hay que ayudar a los demás?

Aceptación de las diferencias

Si todos fuéramos iguales la vida sería muy aburrida, aceptar que lo normal es la diferencia es el primer paso para **ser tolerantes.**

- ¿ Por qué le ha gustado a Lorenzo conocer diferentes formas geométricas?
- ¿Todos los/as niños/as de tu clase son iguales y les gustan las mismas cosas?
- ¿Por qué crees que es bueno que seamos diferentes?

La publicación de este cuento ha sido posible gracias a todos los mecenas que han creído en él. Estos son sus nombres, los de sus hijos, nietos, sobrinos, amigos... Gracias a todos.

Adrian Jimenez Puertas • Aiert, Oinatz eta Urtzi • Aitor y Hugo • Aitor, Olatz, Kloe y Sandra • Alba Giraldo Martinez • Alberto Albarrán • Alejandro y Johanna Urabayen • Alejandro y Martina • Alexei y Maia Pico Cano • Alicia Adiego • Alicia Sánchez García • Alicia y Fernando • Alvaro • Ana e Irene Blanco • Ana María Barreno • Ariadna Hermosel • Ángeles de Lucas • Arantxa Martínez • Ayla • Bárbara Luque y Ramiro Torrealba • Beatriz Medel • Beatriz Sanchez Larreta • Beatriz y Jara • Begoña Larumbe • Begoña Pascual • Blanca y Jaime • Carmen Acebo Briz • Carmen y Julia Molina • Carmen y Sandra • Clara Badía Fumaz y Óscar Pedrazuela Sanz • Claudia Fortún • Claudia y Julia • Cristina • Cristina y Juancho • Daniel Antonio y Rocío Hernández Sánchez • Daniela Velázquez Huertas • David y Ángela Nieto Bazal • Diana Somarriba Barrio • Diego y Paula Ocampo • Edu y Rebeca • El Cofre de Teresa • Elena Herbada • Elvira y Carmela López Solís • Estrella de Pablo • Eugenia Fernández María • Eva Ronda Carrión • Familia Fuentes Armijo • Família Silva Lopes • Familia Stafko Martín • Familia Vega Zúñiga • Fátima y Patricia • Fer y Lucía • Gael, Sophie y Selena • Garbiñe Salvoch • Gema L. Albendea • Ginés Martín González • Gorka y Berta González Peña • Guillermo • Habiaunraton.es • Haizea y Naiara Larumbe Pérez • Héctor y Diana • Hugo y Lydia N • Ian y Noa Vargas Márquez • Inés Domínguez • Inés y Sara Osuna • Iñaki y Tania • Iñaki, Maite, Andrea • Irene Ezpeleta • Irene Chaves Gordon • Irene de Mingo Sánchez • Iria y Oriol • Isabel Codina • Isabel Ranz • Isabel y Christer Oleby • Itzi L. • Izan, Iria y Ainhoa • Jan i Hugo Escamilla Garcia • Javier Sanz • Jesús Díaz Cagigal • Jorge y Catarina • Jorge y Julia • Jose Uriol Ibarz • Julia López • Kim Sanz Siemsen y sus padres • Laguna María Abelleira • Laura Iglesias y Pablo Sánchez • Leo y Max Amazares • Leticia Romero y Trinidad Jordan "Siempre juntas" • Laro Luque • Lorena Fdez. Cuenca • Los Duendes Mágicos • Lucía • Lucía Saúl Matricia y Jaap Willem • Luis y Pablo Prochazka • Maite Villaronga • Mandi y Martina • Marc y Hugo Ferre de Andrés • Marcos y María Jara Llorente • Mare González • Margarita Alonso Conde • María Luna, Anne, Javier y Javier Corbillón • María Pérez Herrero • Maria, Javier y Manuel Guzmán Briñas • Maribel, Ana, Sofía y José L. • Marta González Huertas • Martín Bernal Alcolea • Martín e Ismael • Martín y Nicolás Sánchez Francés • Marvision • Mary Cruz Castells • Mertxe Astigarraga Ereño • Midibu 4U • Monika y Fernando • Montse Elso • Nacho, Hugo y "The Big Bag Teacher" • Natalia del Río Montero • Nora Fernández Navarro • Nuria y José de Nou Art • Nuria, Noe y Ana M • Pablejas • Pablo Apesteguía San Martín • Pablo Pérez Antón • Pablo Vara Montiel • Pablo Velasco de Andrés • Pablo y su mamá • Patricia Pepperell • Paula e Iker Cisneros Nieto • Paula Esteban Prieto • Paula Velázquez Romero • Pepa Bueno • Pilar Ezpeleta • Pilar Matas • Raúl García y Onata Rubio • Raúl y Margarida • Rebeca y Darío Magdaleno García • Richie (Where is The Whale?) Flynn • Samantha Blancher • Samuel y Claudia Gómez Blázquez • Sandra Olalla Fernández • Sergio González Cuervo • Sergio y Pablo Nieto Álvarez • Silvia • Silvia Barca • Silvia Montoro Cortés • Silvia, Ana y Ali García de Pablo • Silvia, Gorka y Beñat • Sonia y Lorena • Tamara y Pablo • Teté • Tita María • Unai y Jan • Vanessa y Álvaro • Vega y Pedro Melgar Blázquez • Vicky Gurpegui • Victoria Escribano • Virginia • Yurena • Yvette.

También quiero agradecer:
A mi hija Inés por inspirarme y por pedirme una y otra vez que le contara el cuento. Su cara de ilusión con cada ilustración y cada logro alcanzado ha sido mi motivación. A mi familia y amigos por darme consejos, responder encuestas, animarme... Vuestros nombres además aparecen en la lista de mecenas ¡lo habéis dado todo! A Cristina por presentarme a Jesús. A Rafael Nieto por contagiarme en esto de la autopublicación. A las clases de infantil de Otero de Herreros y sus profes Sheila y Marta por hacer de conejillo de indias con mis primeros cuentacuentos. A Jesús porque ha sido un placer trabajar con él.

Cristina Oleby